Impressum
Verlag: BABADADA GmbH, Nedderfeld 112 , 22529 Hamburg
Geschäftsführer / Verlagsleitung: Harald Hof
Druck: Books on Demand GmbH, In de Tarpen 42, 22848 Norderstedt

Imprint
Publisher: BABADADA GmbH, Nedderfeld 112 , 22529 Hamburg, Germany
Managing Director / Publishing direction: Harald Hof
Print: Books on Demand GmbH, In de Tarpen 42, 22848 Norderstedt, Germany

el aula
daree

dividir
hirii

186/2

el patio
dallaa mana baruumsaa

la pizarra
gabatee

el maestro/a
barsiisaa

el papel
warqaa

escribir
barreessuu

el bolígrafo
qalama

el escritoria
minjaala

la regla
sarartuu

el libro
kitaaba

el alumno/a
barataa

la cartera

korojoo baattamu

la caja de lápices

teessoo irsaasii

el lápiz

irsaasii

el sacapuntas

qartuu irsaasii

la goma de borrar

haqxuu

el cuaderno de dibujo

paadii fakkii

el dibujo
....
fakkii

el pincel
....
burusha halluu

la caja de pinturas
....
saanduqa halluu

las tijeras
....
maqasa

el pegamento
....
maxxansituu

el cuaderno de ejercicios
....
daftara

los deberes
....
hojii manaa

el número
....
lakkoofsa

2+2

sumar
....
ida'ii

5-2

restar
....
hir;isi

2×2

multiplicar
....
bay;isi

calcular
....
heerregii

la letra
....
xalayaa

ABCDEFG
HIJKLMN
OPQRSTU
VWXYZ

el alfabeto
....
tarree qubee

la palabra
....
jecha

el texto

kitaaba barataa

leer

dubbisuu

la tiza

biroonkii

la lección

baruumsa

el cuaderno de notas

galmeessuu

el examen

qormaata

el certificado

raga barreeffamaa

el uniforme

uffata mana baruumsaa

la educación

barnoota

la enciclopedia

insaaykiloopeediyaa

la universidad

yuunivarstii

el microscopio

maaykiroos kooppii

el mapa

kaartaa

la papelera

qircaata gatoo

la escuela - baruumsaa

el hotel
hoteela

el albergue
hosteela

oficina de cambio de divisas
oo de cheenjee

la maleta
shaanxaa kafanaa

el coche
konkolaataa

el idioma
afaan

sí / no
eyyeen / mitii

Vale
haa ta'u

hola
heloo

el traductor
turjmaana

Gracias
galatoomaa

¿cuánto es…?

meeqa

No entiendo

naaf hingalle

el problema

rakkoo

¡Buenas tardes!

akkam ooltan

¡Buenos días!

akkam bultan?

¡Buenas noches!

halkan gaarii

adiós

nagaatti nagaatti

la dirección

kallattii

el equipaje

ba'aa imalaa

la bolsa

korojoo

la mochila

ba'aa dugdaa

el invitado

keessummaas

la habitación

kutaa

el saco de dormir

korojoo hirriibaa

la tienda de campaña

dukkaana

la información turística

odeeffannoo turistii

la playa

qarqara haroo

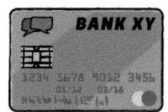

la tarjeta de crédito

kireedit kaardii

el desayuno

ciree

el almuerzo

laaqana

la cena

irbaata

el billete

tikkeetii

el ascensor

liiftii

el sello

chaappaa

la frontera

daangaa

la aduana

barmaatilee

la embajada

embaasii

la visa

viizaa

el pasaporte

paasspoortii

el avión
xayyaara

el barco
jabala

el coche de bomberos
injiiniinabiddaa

el autobús
baasii

el camión
daandii figichaa

la lancha a motor
bidiruu mototoraa

la bicicleta
bishkliliitii

el coche
konkolaataa

el transbordador

bidiruu deeddebii

la barca

bidiruu

la moto

doqdoqqee

el coche de policía

konkolaataa foolisaa

el coche de carreras

konkolaataa dorgommii

el coche de alquiler

konkolaataa kiraa

el préstamo de vehículos

konkolataa waliin gahuu

la grúa

marsaa boqqoonna

el camión de la basura

daandii dhorkaa

el motor

motora

la gasolina

boba'aa

la gasolinera

buufata boba'aa

la señal de tráfico

mallattoo tiraafikaa

el tráfico

tiraafika

el atasco

cuccufaa daandii
konkolaataa

el aparcamiento

dhaabbii konkolaataa

la estación de tren

buufata baburaa

las vías

konkolaataa guddaa

el tren

baabura

el tranvía

baabura eleektirikaa

el vagón

gaarii fardaa

el helicóptero

helikooftara

el aeropuerto

buufata xayyaaraa

la torre

qooxii

el pasajero

keessummaa

el contenedor

konteenara

la caja de cartón

kaartunii

la carretilla

gaarii

la cesta

qirccaata

despegar / aterrizar

barrisuu / qubachuu

la ciudad

magaalaa gudaa

el pueblo

araddaa

el centro de la ciudad

handhuura magaalaa

la casa

mana

el cine
sinimaas

el anuncio
dhaadhessuu

la farola
ibsaa daandii

CINEMA

la calle
godaanaa

el taxi
taksii

el quiosco
dukkaana isnaakii

el peatón
lafoo

la acera
ba'iinsa

el cruce
ceetoo

el paso de cebra
ceetoo zabraa

ontenedor de basura
a

el semáforo
Ibsaatiraafikaa

la cabaña
godoo

el apartamento
diriiraa

la estación de tren
buufata baburaa

el ayuntamiento
galma magaalaa

el museo
muuziyeemii

la escuela
baruumsaa

la universidad

yuunivarstii

el banco

baankii

el hospital

hospitaala

el hotel

hoteela

la farmacia

mana qorichaa

la oficina

waajjira

la librería

dukkana kitaabaa

la tienda de campaña

dukkaana

la floristería

gurgurtuu abaabo

el supermercado

suppar maarkeetii

el mercado

gabaa

los grandes almacenes

kuusaa dame

la pescadería

kiyyeessituu qurxxummii

el centro comercial

giddu gala gabaa

el puerto

buufata galaanaa

la ciudad - magaalaa gudaa

el parque

paarkii

el banco

tessoo dalgee

el puente

riqica

las escaleras

sibsaabii

el metro

Lafa jala

el túnel

holqa

la parada de autobús

buufata konkolaataa

el bar

baarii

el restaurante

mana nyaataa

el buzón

saanduqa poostaa

el poste indicador

mallattoodaandii

el parquímetro

idoo dhaabbii konkolaataa

el zoo

dallaa beeladaa

la piscina

haroo daakkaa

la mezquita

masgiida

la granja

qonna

la contaminación

faalama

el cementerio

iddoo awwaalchaa

la iglesia

charchii

el patio de juego

dirree taphaa

el templo

siidaa

el paisaje
teechuma lafaa

la hoja
baala

la señal
maxxansa beeksiisaa

el camino
karaa

el prado
huruufa magariisa

la piedra
dhakaa

el excursionista
nama lafoo deemu

el árbol
muka

el río
laga

la hierba
mrga

la flor
abaaboo

el valle

sulula

la colina

tabba

el lago

hara

el bosque

bosona

el desierto

gammoojjii oo;aa

el volcán

dhooyinsalafaa

el castillo

masaraa

el arcoíris

sabbata waaqqaa

el champiñón

jaarsa marqoo

la palmera

muka teemiraa

el mosquito

bookee busaa

la mosca

balali'uu

la hormiga

mixii

la abeja

kanniisa

la araña

sarariitii

el escarabajo

boombii

la rana

hurrii

la ardilla

shikookkoo

el erizo

xaddee

la liebre

beelada illeentii fakkaatu

la lechuza

jajuu

el pájaro

simbira

el cisne

daakkiyyee

el jabalí

ifaannaa

el ciervo

godaa

el alce

godaa ameerikaatti argamu

la presa

riqicha

la turbina eólica

tarbaayinii buubbee

el panel solar

panaalii soolaarii

el clima

haala qilleensaa

el camarero
keessummeessaa

el menú
meenuu

la silla
teessoo

la sopa
saamunaa

la pizza
piizaa

la cubertería
katlarii

el mantel
uffata minjaalaa

el primer plato

calqabsiisaa

el plato principal

madda muummee

el postre

deezaartii

las bebidas

dhugaatii

la comida

nyaata

la botella

qaruuraa

la comida rápida

nyaata qophaa'aa

la comida callejera

nyaata karaa irraa

la tetera

markajii shaayii

el azucarero

qodaa shukkaaraa

la porción

uwwisa

la cafetera expreso

maashina espereessoo

la trona

teessoo ol ka'aa

la cuenta

nagahee

la bandeja

tirii

el cuchillo

hlbee

el tenedor

shuukkaa

la cuchara

fal'aana

la cucharilla

fal'aana shaayii

la servilleta

uffrata minjaala nyaataa

el vaso

burcuqqoo

el plato

diiriiraa

el plato hondo

teessoo saamunaa

el platillo

teessoo siinii

la salsa

sugoo

el salero

qodaa sooqiddaa

el molinillo de pimienta

daaktuu barbaree

el vinagre

hadhooftuu

el aceite

zayita

las especias

qimamii

el ketchup

kachappii

la mostaza

sanaafica

la mayonesa

maaynoneezii

el supermercado
suppar maarkeetii

la oferta especial
kenaa addaa

el cliente
maamila

los lácteos
oomish aannanii

la fruta
fuduraa

el carro de compra
baabura eelektirikaa

la carniceria

mana foonii

la panadería

tolchituu

pesar

ulfaatina safaruu

las verduras

kuduraa

la carne

foon

los alimentos congelados

nyaataqorraa

los fiambres

foon qorraa

las conservas

nyaata samsmaa

el detergente en polvo

oomoo

los dulces

mi'aawaa

productos de uso doméstico

oomisha meeshaa manaa

productos de limpieza

bu'aa qulqulleessuu

la vendedora

nama gurgurtaa

la caja de cartón

hanga

el cajero

qarshi qabduu

la lista de la compra

taree gabaa

el horario de atención al público

sa'aatii baniinsaas

la cartera

krojoo qarshii kan dhiiraa

la tarjeta de crédito

kireedit kaardii

la bolsa de plástico

korojoo

la bolsa de plástico

korojoo pilaastikaa

el agua

bishaan

el zumo

cuunfaa

la leche

aannani

la cola

kookii

el vino

wayinii

la cerveza

biiraa

el alcohol

alkoolii

el cacao

kookaa

el té

shaayii

el café

buna

el expreso

espereesso

el capuchino

kaappuchuunoo

el plátano

muuzii

la manzana

aappilii

la naranja

burtukaana

el melón

meeloonii

el limón

loomii

la zanahoria

kaarotii

el ajo

qullubbii adii

el bambú

leemmana

la cebolla

qullubbii

el champiñón

jaarsa marqoo

las avellanas

godoo

los fideos

gowwaa

las espagueti

ispaageetii

el arroz

ruuza

la ensalada

salaaxaa

las patatas fritas

chiipsii

las patatas fritas

moose affeelamaa

la pizza

piizaa

la hamburguesa

hmbargarii

el sándwich

saanduchii

el filete

kotaleetii

el jamón

foon booyyee kan luka
fuuiduraa

le salami

nyaata mi'eessituu fi
sooggiddan sukkummame

la salchicha

sausage

el pollo

lukuu

el asado

waaddii

el pescado

qurxummii

los copos de avena

bulluqa aajjaa

el muesli

masliis

los copos de maíz

fandishaa

la harina

daakuu

el cruasán

kiroosantii

el panecillo

daabboo-

el pan

daabboo

la tostada

dabboo oo'aa

las galletas

buskuuta

la mantequilla

dhadhaa

la cuajada

itittuu

el pastel

keekii

el huevo

buuphaa

el huevo frito

buuphaa affeelamaa

el queso

ayibii

el helado

aays kireemii

el azúcar

shukkaara

la miel

damma

la mermelada

marmaalaataa

la crema de turrón

chokkoleetii bittinnaa'aa

el curry

kuurii

la granja
mana qonnaa

el granero
gootaraa

el fardo de paja
tuulaa margaa

el campo
dirree

el caballo
farda

el remolque
konkolaataa harkifamaa

el potro
ilmoo fardaa

el tractor
konkolaataa qonnaa

el burro
harree

el cordero
foon jabbii

la oveja
hoolaa

la cabra

ra'ee

la vaca

sa'a

el ternero

jabbilee

el cerdo

booyyee

el cerdito

ilmoo booyyee

el toro

korma

el ganso
ziyyee

el pato
daakkiyyee

el pollo
lukkuu

la gallina
lukkuu haadhoo

el gallo
lukkuu kormaa

la rata
hantuuta

el gato
adurree

el ratón
hantuuta goodaa

el buey
qotiyyoo

el perro
saree

la perrera
mana saree

la manguera
ujjummoo oddoo

la regadera
kan ittin bishaan obaasan

la guadaña
haamtuu dheeraa

el arado
qotuu

la hoz

haamtuu

la azada

gasoo

la horca

manshii

el hacha

qotoo

la carretilla

gaarii goommaa

el abrevadero

suluula

la lechera

meeshaa aannanii

el saco

keeshaa

la valla

dallaa

el establo

tasgabbii

el invernadero

mana biqiltuu

el suelo

biyyee

la semilla

sanyii

el fertilizador

dachee gabbistuu

la cosechadora

kmbaayinara haamaa

la granja - qonna

cosechar

haamuu

la cosecha

haamuu

el ñame

biqiltuu hundeen isaa nyaatamu

el trigo

qamadii

el soja

sooy

la patata

moose

el maíz

boqqoolloo

la semilla de colza

raappii siidii

el árbol frutal

muka fudraa

la mandioca

kzaavaa

las cereales

midhaan biilaa

la chimenea
hula aaraa

el tejado
baaxii

el canalón
ujummo bishaanii

la ventana
fooddaa

el garaje
garaajii

el timbre
bilibila balbalaa

la puerta
balbala

el cubo de basura
teessoo balfaa

el buzón
saanduqa xaiayaas

el jardín
oddoo

la sala

kutaa jireenyaa

el cuarto de baño

kutaa dhiqannaa

la cocina

mana bilcheessaa

el dormitorio

kutaa ciisichaa

la habitación de los niños

kutaa ijoollee

el comedor

kutaa nyaataa

el suelo

lafa

la pared

ededaa

el techo

baaxii

el sótano

seelaarii

la sauna

saawunaa

el balcón

baankoonii

la terraza

madaba

la piscina

puulii

el cortacésped

konkoolaataa haamaa

la sábana

ansoolaa

la colcha

uffata siree

la cama

siree

la escoba

hartuu

el balde

baaldii

el interruptor

cufuu

el papel pintado
wolpeepparii

la imagen
fakkii

la lámpara
foon hoolaa

el estante
masalangaa

el armario
kaappi boordiis

la chimenea
midijjaa

la televisión
tlevisziinii

la flor
abaaboo

el cojín
boraatiii

el jarrón
tessoo abaaboo

el sofá
soofaa

el mando a distancia
too'attuu halaalaa

la alfombra

afata

la cortina

golgaa

la mesa

minjaala

la silla

teessoo

el mecedora

teessoo rarra'aa

la butaca

teesoo ciqilffannaa

el libro

kitaaba

la manta

uffata qorraa

la decoración

midhagina

la leña

muka qoraanii

la película

fiilmii

el equipo de música

meeshaa

la llave

furtuu

el periódico

gaazexaa

la pintura

dibuu

el póster

barjaa

la radio

reedyoonii

el cuaderno

daftara yaadanoo

la aspiradora

meeshaa eeleektirikaa afata qulqulleessu

el cactus

laaftoo

la vela

dungoo

el refrigerador
firiijii

el microondas
midijjaa maayikirooweevii

la balnza de cocina
meeshaa bilcheessaa

la tostadora
waaddituu

el detergente
saaunaa

el congelador
qabbaneessitu

el horno
midijjaa

el cubo de basura
teessoo balfaa

el lavavajillas
saafaa

la olla a presión

bilcheesssituu

la olla

okkotee

la olla de hierro fundido

cast-iron pot

el wok

sataatee

la cazuela

waaddituu

el hervidor

markajii

la vaporera

jabala humna urkaa

la chapa de horno

tirii bilcheessaa

la vajilla

bantuu qaruuraa

la taza

geeba

el tazón

sayinaa

los palillos

dibata hidhii

el cucharón

cilfaa

la espumadera

shuukkaa

el batidor

areeda aduurree

el colador

dhimbiibduu

el cedazo

gingilchaa

el rallador

meeshaa farfartuu

el mortero

mooyyee

la barbacoa

waadii abiddaa

la hoguera

midijjaa

la tabla de picar

maktafiyaa

el rodillo

martuu

el sacacorchos

bantuu qaruuraa

la lata

danda'uu

el abrelatas

banuu danda'uu

el agarrador

teesoo okkotee

el lavabo

lixuu

el cepillo

buruushii

la esponja

ispoonjii

la batidora

meeshaa waliin makaa

el congelador

qabbaneessaa guddaa

el biberón

xuuxxoo

el grifo

ujjuummoo

la ducha
shhworii

la calefacción
oo'istuu

la toalla
baaldii

la cortina de la ducha
golgaa shaaworii

el baño de espuma
daakaa bashannanaa

la bañera
gabatee dhiqannaa

el vaso
burcuqqoo

la lavadora
maashina miiccaas

las baldosas
billookkeetti

el grifo
ujjuummoo

el orinal
waan xiqqoo

el lavabo
lixuu

el inodoro

mana fincaanii

el inodoro rústico

mana fincaanii taa'e

el bidé

saafaa

el urinario

sahiinaa mana fincaanii

el papel higiénico

sooftii

la escobilla del váter

burusha mana fincaanii

el cepillo de dientes

buruushii ilkaanii

la pasta de dientes

saamunaa ilkaanii

el hilo dental

soqxuu ilkaanii

lavar

dhiquu

la ducha de mano

qaama dhiqannaa aadaa

la ducha íntima

kan dach

la pila

sulula

el cepillo de espalda

mana dhiqataa

el jabón

saamunaa

el gel de ducha

dibata dhiqannaa boodaa

el champú

shaampuu

la toallita

jejuu

el desagüe

gogsuu

la crema

kireemii

el desodorante

dodoraantii

el espejo

daawitii

el espejo de tocador

daawitii hrkaa

la maquinilla de afeitar

milaacii

la espuma de afeitar

dibata areedaas

la loción postafeitado

diibata areedaa

el peine

filaa

el cepillo

burusha

el secador

qoorsituu rifeensaa

la laca

hafuuftuu rifeensaa

el maquillaje

meekaappii

el pintalabios

lippistiikii

el pintauñas

qeessa muculiksituu

el algodón

jirbii

el cortauñas

murtuu qeessa

el perfume

shittoo

el estuche de viaje

korojoo dhiqannaa

la banqueta

gatteechuma

la balanza

iskeelii ulfaatinaa

el albornoz

uffata dhiqannaa

los guantes de goma

guwaantii pilaastikaa

el tampón

moodesii

la compresa

fooxaa qulquulinaa

el inodoro químico

keemikaala mana fincaanii

el despertador
sa'aatii alaarmii

el peluche
Eebbiyyoo Hammatamu

el coche de juguete
konkolaatt ijollee

el sonajero
hasaasuu

la casa de muñecas
mana eebbiyyo

el regalo
jira

el globo

baaloonii

la cama

siree

el coche de niño

gaarii daa'imaa

los naipes

Minjaala Kaardii

el puzle

akaafaa

el tebeo

kofalchiisaa

las piezas de lego
lego bricks

los bloques de juguete
dlookii ijaarsaa

la figura de acción
lakkofsa gochaa

el bodi (de bebé)
guddina daa'imaa

el frisbee
saahinaa taphaa

el colgador móvil para bebés
mobaayilii

el juego de mesa
gabatee taphaa

los dados
kuubii lakk. 1-6 qabu

el circuito de tren eléctrico
teessuma leenji'aa modeelaa

el maniquí
fakkii

la fiesta
afeerrii

el álbum de fotos
kitaaba fakii

la pelota
kubbaa

la muñeca
eebiyyoo

jugar
tapha

el cajón de arena

boolla cirrachaa

el columpio

hodhuu

los juguetes

eebbiyyoo

la videoconsola

konsoli tapha viidyoo

el triciclo

marsaa sadii

el oso de peluche

eebiyyo hammatamtu

la guardarropa

sanduqaa dhaabbii

la ropa

cuufinsa

los calcetines

kaalsii

las medias

istookingii

los leotardos

taayitii

la bufanda
guftaa

el paraguas
dibaaboo

la camiseta
qomee

el cinturón
qabattoo

las botas
bidiruuwwan

las zapatillas
slipparii

las deportivas
leenjitoota

las sandalias
....
kophee banaa

los zapatos
....
kophee

las botas de goma
....
bidiruu pilaastikaa

el slip
....
butaantaa

el sostén
....
harmaa

el chaleco
....
sadariyyaa

el bodi

qaama

los pantalones cortos

kofoo dheeraa

los vaqueros

jiinsii

la falda

dalgee

la blusa

shamiza

la camisa

shurraaba

el jersey

shurraaba

el suéter

haaguuggii jaakkeettii

el blazer

yuunifoormii

la chaqueta

jaakkeettii

el abrigo

kootii

la gabardina

kafana roobaa

el traje

barsuma

el vestido

wandaboo

el vestido de novia

kafana gaa'ilaa

la ropa - cuufinsa

el traje

kafana guutuu

el camisón

uffata halkanii

el pijama

bijaamaa

el sati

wandaboo hindii

el bandana

guftaa

el turbante

marata

la burka

burqaa

el caftán

jalabiyyaa

la abaya

abaya

el traje de baño

kafana daakkaa

el bañador

mudhii

los pantalones cortos

kofoo gabaabaa

el chándal

kafanafgichaa

el delantal

appiroonii

los guantes

guwwaantii

el botón

furtuu

las gafas

burcuqqoowwan

el brazalete

gumee

el collar

amartii

el anillo

qubeelaa

el pendiente

glii

la gorra

geeba

la percha

fanoo kootii

el sombrero

qoobii

la corbata

karbaata

la cremallera

ziippii

el casco

heelmeetii

los tirantes

collee

el uniforme

uffata mana baruumsaa

el uniforme

yuunifoormii

el babero

kafana gorooraa

el maniquí

fakkii

el pañal

naappii

la oficina

waajjira

el servidor
sarvarii

el archivo
faayil kaabineetii

la impresora
piriintarii

el monitor
moonitarii

el papel
warqaa

el escritoria
minjaala

el ratón
maawzii

la carpeta
fooldarii

el teclado
kiiboordii

la papelera
qircaata gatoo

la silla
teessoo

el ordenador
kompitara

la taza de café

siinii bunaa

la calculadora

herregduu

el internet

intarneetii

el portátil

lab tooppii

la carta

xalaya

el mensaje

ergaa

el móvil

mobbyilii

la red

neetwoorkii

la fotocopiadora

maashina footokoppii

el software

sooft weerii

el teléfono

bilbila

la toma de corriente

sookkeetii suuqii

el fax

maashina faaksiis

el formulario

uunkaa

el documento

dookimantii

comprar

bituu

pagar

kafaluu

comerciar

daldaluu

el dinero

qarshii

el dólar

doolaara

el euro

yuroou

el yen

yen

el rublo

ruubilii

el franco suizo

Farankaa swwiz

el renminbi yuan

yuwaanii reenmiinbii

la rupia

ruuppee

el cajero automático

kaash pooyintii

la oficina de cambio de divisas

biiroo de cheenjee

el oro

warqee

la plata

meeta

el petróleo

zayita

la energía

human

el precio

gatii

el contrato

koontiraata

el impuesto

taaksii

la acción

shaqaxa

trabajar

hojjechuu

el empleador

qacaramaa

el empleador

qacaraa

la fábrica

faabrikaas

la tienda de campaña

dukkaana

el agente de policía
qondaala foolisii

el bombero
hojetaa balaa abiddaa

el cocinero
bilcheessituu

el médico
doktora

el piloto
paayileetii

el jardinero

waardiyyaa

el carpintero

ogeessa mukaa

la costurera

ooftuu jabalaa

el juez

abbaa seeraa

el farmacéutico

keemistii

el actor

ta'aa

el conductor de autobús

konkolaachisaa

el taxista

konkolaachisaataaksii

el pescador

qurxumii kiyyeessaa

la señora de la limpieza

qulqulleessituu

el techador

hojetaa baaxii

el camarero

keessummeessaa

el cazador

adamisituus

el pintor

halluu dibduu

el panadero

tolchituu

el electricista

elektrishaana

el obrero

ijaaraa

el ingeniero

injinara

el carnicero

mana foonii

el fontanero

hjjetaa ujummoo

el cartero

poostaa geessituu

el soldado

raayyaa

el arquitecto

arkteektii

el cajero

qarshi qabduu

el florista

abaaboo gurgurtuu

el peluquero

dabbasaa murtuu

el revisor

kondaaktara

el mecánico

makaanika

el capitán

kaappiteenii

el dentista

hakiima ilkee

el científico

saayntiistii

el rabino

rabbi

el imán

imaama

el monje

moloskee

el sacerdote

luba

el martillo
burruusa

los alicates
hiktuu cufamu

el destornillador
hiiktuu

la llave
hiktuu

la linterna
daamotii--

la excavadora
gasoo

la caja de herramientas
saanduqa meeshhalee

la escalera de mano
kortoo

la sierra
magaazii

los clavos
bismaara

el taladro
diriilii

reparar
suphuu

la pala
akaafaa

¡Maldita sea!
dhaabi

el recogedor
gataa balfaa

el bote de pintura
qodaa haalluu

los tornillos
hiktuu

los instrumentos musicales
meeshaalee muuziqaa

la batería
teessoo dibbee

el altavoz
sagalee guddistuu

la guitarra
gitaara

el contrabajo
sagalee baay'ee xiqqaa

la trompeta
tiraampeetii

el piano

piyaanoo

el violín

vaayoolinii

bajo

sagalee xiqqaa

los timbales

timpaanii

el tambor

dibbee

el teclado

kiiboordii

el saxofón

saaksi foona

la flauta

ulullee

el micrófono

may craafoona

la entrada
seensa

el tigre
qeerreensa

la jaula
garondoo

la cebra
hare diidoo

el pienso
soorata beeladaa

el panda
paandaa

los animales

beeladoota

el elefante

arba

el canguro

kaangaaroo

el rinoceronte

warseesa

el gorila

jaldeessa guddaa

el oso

godaa

el camello

gala

el avestruz

guchii

el león

leenca

el mono

jaldeessa

el flamingo

fiilaamingoo

el loro

simbira dubbattu

el oso polar

diibii poolarii

el pingüino

peengyuunii

el tiburón

shaarkii

el pavo real

piikookii

la serpiente

bofa

el cocodrilo

qocaa

el guardián de zoológico

eegaa zoo

la foca

chaappaa

el jaguar

sanyii qeerensaa

el poni

farda gabaabduu

el leopardo

sanyii qeerrensaa

el hipopótamo

roobii

la jirafa

sattaawwaa

el águila

culullee

el jabalí

ifaannaa

el pescado

qurxummii

la tortuga

qocaa galaanaa

la morsa

beelada bishaan keessaa

el zorro

sardiida

la gacela

godaa

el fútbol americano
kubbaa miilaa ameerikaa

el ciclismo
dargmmii bishkilileettaa

el tenis
teenisa

el baloncesto
kubba kaachoo

la natación
bishaan daakkaa

el boxeo
aboottoo

el hockey sobre hielo
sigigoo cabbie

el fútbol

kubbaa miilaa

el bádminton

baadmentanii

el atletismo

atileetii

el balonmano

kubba harkaa

el esquí

skiing

el polo

pooloo

saltar
utaalcha

abrazar
hammachuu

reír
kolfa

caminar
deemuu

cantar
sirbuu

soñar
abjuu

rezar
kadhannaa

besar
dhungoo

escribir	dibujar	mostrar
barreessuu	fakkii kaasuu	agrsiisuu
empujar	dar	tomar
dhiibuu	kennuu	fudhachuu

tener

qabaachuu

hacer

gochuu

ser

ta'uu

estar de pie

dhaabbachuu

correr

kaachuu

tirar

harkisuu

tirar

darbachuu

caer

kufuu

yacer

soba

esperar

eeguu

llevar

baachuus

estar sentado

taa'uu

vestirse

uffachuu

dormir

rafuu

despertar

dammaquu

mirar

ilaaluu

llorar

iyyuu

acariciar

dhiibbaa dhiigaa

peinar

filuu

hablar

haasa'uu

entender

hubachuu

preguntar

gaafachuu

escuchar

dhggeeffachuu

beber

dhuguu

comer

nyaachuu

ordenar

ol kaasuu

amar

jaalala

cocinar

bilcheessuus

conducir

oofuu

volar

barrisuu

navegar

jabalan

calcular

heerregii

leer

dubbisuu

aprender

baruumsa

trabajar

hojjechuu

casarse

fuudha

coser

hodhuu

cepillarse los dientes

ilkaan rigachuu

matar

ajjeecha

fumar

xuuxuu

enviar

erguu

araa haadhaa

el abuelo
akaakayyuu karaa abbaa

el padre
abbaa

la madre
haadha

el bebé
daa'ima

la hija
intala durbaa

el hijo
ilma dhiiraa

el invitado

keessummaas

la tía

adaadaa

el tío

eessuma

el hermano

obboleessa

la hermana

obboleettii

la frente
adda

el ojo
ija

el hombro
ceekuu

el dedo
quba

la cara
fuula

la barbilla
igicii

la mano
harka

el pecho
harma

la pierna
luka

el brazo
irree

el bebé

daa'ima

el hombre

nama

la mujer

dubartii

la chica

durba

el chico

mucaa

la cabeza

mataa

la espalda
duuba

el vientre
godhami

el ombligo
belly button

el dedo del pie
qubq miilaa

el talón
koomee

el hueso
lafee

la cadera
dirra

la rodilla
jilba

el codo
ciqilee

la nariz
fuunyaan

el trasero
jala

la piel
gogaa

la mejilla
boqoo

el oído
gurra

el labio
hidhii

la boca

afaan

el diente

ilkee

la lengua

arraba

el cerebro

sammuu

el corazón

onnee

el músculo

fon irree

el pulmón

somba

el hígado

tiruu

el estómago

garaacha

los riñones

kaleewwan

el sexo

wal qunnamitii saalaa

el condón

kondomii

el ovario

buphaa dubartii

el semen

mi'oo

el embarazo

ulfa

la menstruación

laguu ji'aa

la vagina

buqushaa

el pene

tuffee

la ceja

laboobbaa ijaa

el pelo

rifeensa

el cuello

morma

el hospital
hospitaala

la ambulancia
ambulaansii

la silla de ruedas
wiilchaariis

la fractura
caba

el médico
doktora

la sala de urgencias
kutaa hatattamaa

la enfermera
narsii

la urgencia
hatattama

inconsciente
kan hin dammaqin

el dolor
dhukkubbii

la lesión

miidhhaa

la hemorragia

dhiiguu

el infarto

dhukkuba onnee

el ictus

baay'ina dhiigaa

la alergia

hooqxoo

la tos

qufaa

la fiebre

oo'aa qaamaa

la gripe

qufaa

la diarrea

baasaa

el dolor de cabeza

bowoo mataa

el cáncer

kaansarii

la diabetes

dhibee sukkaaraa

el cirujano

baqaqsanii hodhuu

el bisturí

halbee

la operación

hojii

TAC
CT

los rayos x
raajii

el ultrasonido
aaltraasaawandii

la mascarilla
haguuggii fuuiaa

la enfermedad
dhukkuba

la sala de espera
kutaa haar galfii

la muleta
hirkannaa

la tirita
pilaastara

la venda
baandeejii

la inyección
limmoo waraanuu

el estetoscopio
isteetskooppi

la camilla
siree dhukkubsataa

el termómetro
termoo meetira klinikaa

el nacimiento
dhaloota

el sobrepeso
ulfaatinaa ol

el audífono

gargaaraa dhageettii

el desinfectante

qoricha aramaa

la infección

miidhama keessaa

el virus

vaayirasa

VIH / SIDA

ECH AAIVII / EEDSII

la medicina

qoricha

la vacunación

talaallii

las tabletas

kiniinii

la pastilla

kiniinii

la llamada de urgencia

waamicha hatattamaa

el tensiómetro

too'attuu dhiibbaa dhiigaa

enfermo / sano

dhukkuba / fayyaa

¡Socorro!

gargaarsa!

la alarma

alaarmiis

el asalto

weerara

el ataque

miidhuu

el peligro

suukaneessaa

la salida de emergencia

baha hatattamaa

¡Fuego!

abidda

el extintor de incendios

abidda dhaamisituu

el accidente

balaa

el botiquín de primeros auxilios

saanduqa gargaasa calqabaa

SOS

Sii'oosii

la policía

foolisii

Europa

awurooppaa

Norteamérica

ameerikaa kabaa

Sudamérica

ameerikaa kibbaa

África

afrikaa

Asia

eesiyaa

Australia

awustraaliyaa

el atlántico

atilaantik

el Pacífico

paasfiik

el Océano Índico

galaana hindii

el Océano Antártico

galaana antaartikaa

el Océano Ártico

galaana arkitiik

el polo norte

polii kaabaa

el polo sur

polii kibbaa

La Antártida

antaartikaa

la tierra

dachee

la tierra

dachee

el mar

garba

la isla

odola

la nación

lammii

el estado

kutt biyyaa

la esfera

clock face

la manecilla de las horas

sa'aatii kana

el minutero

daqiiqaa kana

el segundero

moofaa

¿Qué hora es?

yeroon meeqa ta'ee?

el día

guyyaa

el tiempo

yeroo

ahora

amma

el reloj digital

sa'aatii diiskoo

el minuto

daqiiqaa

la hora

sa'aatii

lunes
hojjaa duraa

miércoles
roobii

viernes
jimaata

martes
lammaffo

sábado
sanbata xiqqaa

jueves
kamisa

domingo
sanba quddaa

ayer

kaleessa

hoy

har'a

mañana

boru

la mañana

ganama

el mediodía

guyyaa qixxee

la tarde

galgala

los días laborables

guyyaa hojii

el fin de semana

dhuma forbee

la lluvia
rooba

el arcoíris
sabbata waaqqaa

la nieve
cabbii

el viento
bubbee

la primavera
birraa

el otoño
arfaasaa

el verano
bona

el invierno
ganna

el pronóstico del tiempo

raaga haala qileensaa

el termómetro

teermoomeetirii

el sol

baha aduu

la nube

duumessa

la niebla

hurii

la humedad

jiidha

el rayo

bakakkaa

el trueno

balaqqee

la tormenta

dirrisa

el granizo

cabbii

el monzón

monsoon

la inundación

lolaa

el hielo

cabbie

enero

Amajjii

febrero

Gurraandhala

marzo

Bitootessa

abril

Eebila

mayo

Caamsaa

junio

Waxabajji

julio

Adooleessa

agosto

Hagayya

septiembre
....
Fulbaana

octubre
....
Onkololeessa

noviembre
....
Sadaasa

diciembre
....
Muddee

las formas

boca

el círculo
....
geengoo

el cuadrado
....
isqeerii

el rectángulo
....
rog arfee

el triángulo
....
rg sadee

la esfera
....
molaalee

el cubo
....
kuubii

blanco

adii

amarillo

boora

anaranjado

keelloo

rosa

boorilee

rojo

diimaa

morado

bunnii

azul

cuqliisa

verde

magariisa

marrón

magaala

gris

bulee

negro

gurraacha

mucho / poco

baay'ee / xiqqoo

enojado / tranquilo

aara / gammachuu

bonito / feo

bareeda / fokkuu

principio / fin

calqaba / xumuura

grande / pequeño

guddaa / xiqqaa

claro / oscuro

ifa / dukkana

el hermano / la hermana

obboleessa / obboleettii

limpio / sucio

qulqulluu / xurii

completo / incompleto

xumuuramaa / kan hin xumuuramin

el día / la noche

guyyaa / halkan

muerto / vivo

du'aa / jiraa

ancho / estrecho

bal'aa / dhiphaa

comestible / no comestible

kan nyaatamu / kan hin nyaatamne

malo / amable

badd / gaarii

entusiasmado / aburrido

gammachuu / ifannaa

gordo / delgado

furdaa / qal'aa

primero / último

calqaba / dhuma

el amigo / el enemigo

michuu / diina

lleno / vacío

guutuu / duwwaa

duro / blando

sakoruu / lalllaafaa

pesado / ligero

ulfaataa / salphaa

el hambre / la sed

beeluu / dheebuu

enfermo / sano

dhukkuba / fayyaa

ilegal / legal

seer malee / seera qabeessa

inteligente / tonto

gaanfuree / dabeessa

izquierda / derecha

bitaa / mirga

cerca / lejos

maddii / fagoo

nuevo / usado

haara'a / moofaa

nada / algo

homma / waan tokko

viejo / joven

jaarsa / dargaggeessa

encendido / apagado

ibsuu / dhaamsuu

abierto / cerrado

banuu / cufuu

silencioso / ruidoso

callisuu / sagalee olkaasuu

rico / pobre

sooressa / hiyyeessa

correcto / incorrecto

sirrii / dogongora

áspero / suave

sokorruu / lallaafaa

triste / contento

aara / gammachuu

corto / largo

dheeraa / gabaabaa

lento / rápido

qususaa / collee

húmedo / seco

jiidhaa / goggogaa

cálido / frío

oo'aa / qorraa

guerra / paz

lola / nagaa

0	**1**	**2**
cero	uno	dos
duwwaa	tokko	lama
3	**4**	**5**
tres	cuatro	cinco
sadis	afur	shan
6	**7**	**8**
seis	siete	ocho
jaha	torba	saddeet
9	**10**	**11**
nueve	diez	once
sagal	kudhan	kudha tokko

12	**13**	**14**
doce	trece	catorce
kudha lama	kudha sadi	kudha afur

15	**16**	**17**
quince	dieciséis	diecisiete
kudha shan	kudha jaha	kudha torba

18	**19**	**20**
dieciocho	diecinueve	veinte
kudha saddeet	kudha sagal	diigdama

100	**1.000**	**1.000.000**
cien	mil	el millón
dhibba	kuma	maliyoona

el inglés

Ingiliffa

el inglés americano

Ingiliffa Ameerikaa

el chino madarín

Mandarinii chaayinaa

el hindi

Afaan Hindii

el español

Afaan Speen

el francés

Afaan Faransaay

el árabe

Afaan Arabaa

el ruso

Afaan Raashaa

el portugués

Afaan Poortugaal

el bengalí

Afaan Beengaal

el alemán

Afaan Jarman

el japonés

Afaan Jaappaan

yo

ana

tú

si

él / ella / ello

isa / ishii / isa / wantootaf

nosotros/as

nu'ii

vosotros/as

isin

ellos/as

isan

¿quién?

eenyuu?

¿qué?

maal?

¿cómo?

akkamitti

¿dónde?

eessa?

¿cuándo?

hoom?

el nombre

maqaa

detrás

duuba

en

keessa

delante de

fuldura

por encima de

irra

sobre

gubbaa

debajo de

jala

junto a

maddii

entre

gidduu

el lugar

bakkee